ព្រះបង្កើតមនុស្សលោកមកដើម្បីរស់នៅយ៉ាងសុខសាន្តជាមួយនឹងទ្រង់។

តាមរយៈគម្ពីរលោកុប្បត្តិ ១:២៧ បានចែងថា
ទ្រង់ក៏បង្កើតមនុស្សឲ្យដូចរូបអង្គទ្រង់ គឺបានបង្កើតគេឲ្យចំនឹងរូបអង្គទ្រង់នោះឯង
ក៏បង្កើតគេឡើងជាប្រុសជាស្រី។

បុំន្នែមនុស្សមិនបានស្តាប់បង្គាប់ព្រះ ហើយក៏ប្រព្រឹត្តបាបទាស់នឹងទ្រង់ ហើយក៏បានបែរចេញពីទ្រង់។

លទ្ធផល=កង្វល់+ភាពភ័យខ្លាច / សេចក្តីស្លាប់

រ៉ូម ៣:២៣ មានបន្ទូលថា
ពីព្រោះគ្រប់គ្នាបានធ្វើបាបហើយខ្វះមិនដល់សិរីល្អនៃព្រះ។
រ៉ូម ៦:២៣ មានបន្ទូលថា
ដ្បិតឈ្នួលរបស់អំពើបាប នោះជាសេចក្តីស្លាប់ តែអំណោយទានរបស់ព្រះវិញ
គឺជាជីវិតដ៏នៅអស់កល្បជានិច្ច ដោយព្រះគ្រីស្ទយេស៊ូវ ជាព្រះអម្ចាស់នៃយើងរាល់គ្នា។

តែងព្រះទ្រង់មានពេញដោយសេចក្តីមេត្តាករុណាដល់មនុស្សដែលមានពេញដោយអំពើបាប ទ្រង់ក៏បានចាត់ព្រះយេស៊ូវគ្រីស្ទឲ្យមកក្នុងលោកីយ៍ទុកជាថ្លៃលោះបាបដល់យើងរាល់គ្នាវិញ។

១ យ៉ូហាន ៤:៨ មានបន្ទូលថា
តែអ្នកណាដែលឥតគ្មានសេចក្តីស្រឡាញ់ នោះមិនស្គាល់ព្រះវិញ ព័ព្រោះព្រះទ្រង់ជាសេចក្តីស្រឡាញ់នោះឯង។
ម៉ាកុស ១០:៤៥ មានបន្ទូលថា
ដ្បិតកូនមនុស្សក៏បានមក មិនមែនឲ្យគេបំរើរើរ គឺដើម្បីនឹងបំរើគេវិញ ហើយនិងឲ្យជីវិតខ្លួនទុកជាថ្លៃលោះមនុស្សជាច្រើនផង។

ដើម្បីបង់ថ្លៃលោះបាបរបស់យើងរាល់គ្នាព្រះយេស៊ូវបានសុគតនៅលើឈើឆ្កាង
ហើយ៣ថ្ងៃក្រោយមក ទ្រង់ក៏មានព្រះជន្មរស់ឡើងវិញ។
ហើយទ្រង់សព្វព្រះទ័យនឹងប្រទានដល់យើង
នូវកាដូពិសេសពីរ

គឺ សេចក្តីសុខសាន្ត និង ជីវិតអស់កល្បជានិច្ច។

យ៉ូហាន ១៤:២៧ មានបន្ទូលថា
ខ្ញុំទុកសេចក្តីសុខនៅនឹងអ្នករាល់គ្នា គឺខ្ញុំឲ្យសេចក្តីសុខសាន្តរបស់ខ្ញុំដល់អ្នករាល់គ្នា ហើយដែលខ្ញុំឲ្យ
នោះមិនមែនដូចជាលោកីយ៍ឲ្យទេ កុំឲ្យចិត្តអ្នករាល់គ្នាចប់បារម្ភ ឬក៏ឃ្លើយឡើយ។
យ៉ូហាន ១០:១០ មានបន្ទូលថា
ខ្ញុំបានមកដើម្បីឲ្យវា(អ្នក)រាល់គ្នាមានជីវិត ហើយឲ្យមានជីវិតនោះពេញបរិបូរផង។

តើអ្នកមិនចង់ទទួលបានសន្តិភាពដ៏ពិត និង ជីវិតអស់កល្បជានិច្ចទេឬអ្វី?
ព្រះជាម្ចាស់សព្វព្រះទ័យឱ្យអ្នកទទួលព្រះយេស៊ូវគ្រីស្តមក
គង់ក្នុងចិត្តអ្នក ដូច្នេះអ្នកនឹងអាចទទួលបានកាដូពិសេស គឺជីវិតអស់កល្បជានិច្ច
និងការរស់នៅប្រកបដោយសុខសន្តិភាព។

យ៉ូហាន ៣:១៦ មានបន្ទូលថា
ដ្បិតព្រះទ្រង់ស្រឡាញ់មនុស្សលោកដល់ម្ល៉េះ បានជាទ្រង់ប្រទានព្រះរាជបុត្រាទ្រង់តែ១ ដើម្បីឱ្យអ្នកណា
ដែលជឿដល់ព្រះរាជបុត្រានោះ មិនត្រូវវិនាសឡើយ គឺឱ្យមានជីវិតអស់កល្បជានិច្ចវិញ។
យ៉ូហាន ១:១២ មានបន្ទូលថា
ប៉ុន្តែអស់អ្នកណាដែលទទួលទ្រង់ គឺអស់អ្នកដែលជឿដល់ព្រះនាមទ្រង់ នោះទ្រង់បានប្រទានអំណាច
ឱ្យបានត្រឡប់ជាកូនព្រះ។

ខណៈពេលនេះ ព្រះយេស៊ូវកំពុងតែគោះទ្វារចិត្តរបស់អ្នក។
ពេលនេះជាពេលដែលអ្នកត្រូវការធ្វើការសំរេចចិត្ត
គឺការរស់នៅក្នុងលោកីយ៍ដែលពេញដោយទុក្ខព្រួយនិងភាពភ័យខ្លាច
ហើយក្រោយពីស្លាប់ទៅត្រូវធ្លាក់ទៅក្នុងនរកដ៏ជារៀងរហូត
ឬក៏ទទួលយកព្រះយេស៊ូវបានទទួលនូវសន្តិភាពដ៏ពិត និង ជីវិតអស់កល្បជានិច្ច។
តើអ្នកទទួលយកព្រះយេស៊ូវទុកជាព្រះអម្ចាស់របស់អ្នកទេ?

វិវរណៈ ៣:២០ មានបន្ទូលថា
មើល អញឈរនៅមាត់ទ្វារទាំងគោះ បើអ្នកណាពូំសំឡេងអញ ហើយបើកទ្វារឲ្យ នោះអញនឹងចូលទៅឯអ្នកនោះ
អញនឹងបរិភោគជាមួយនឹងអ្នកនោះ ហើយអ្នកនោះជាមួយនឹងអញដែរ។

អ្នកបានធ្វើការសំរេចចិត្តដ៏សំខាន់ណាស់។
សូមអធិស្ឋានដូចតទៅនេះ
ឱព្រះវរបិតាអើយ ទូលបង្គំជាមនុស្សមានបាប។
សូមអត់ទោសដល់ទូលបង្គំដោយការរំកែប្រែចិត្តរបស់ទូលបង្គំផងដែរ។
ខ្ញុំជឿថាដោយសារតែអំពើបាបរបស់ទូលបង្គំ ព្រះយេស៊ូវបានសុគតនៅពើពេលឆ្កាង
ហើយទ្រង់ក៏បានមានព្រះជន្មរស់ឡើងវិញ។
នាពេលនេះ សូមយាងចូលមកគង់ក្នុងបល្ល័ង្កចិត្តរបស់ទូលបង្គំផងដែរ។
សូមទ្រង់ក្លាយជាព្រះសង្គ្រោះរបស់ទូលបង្គំផងដែរ។
ទូលបង្គំអធិស្ឋានក្នុងព្រះនាមព្រះអម្ចាស់ ព្រះយេស៊ូវគ្រីស្ទ។
អាម៉ែន!

តទ្បូវនេះ នៅពេលដែលអ្នកបានទទួលព្រះយេស៊ូវគ្រីស្ទមក
ក្នុងចិត្តរបស់អ្នកហើយ អ្នកបានក្លាយជាកូនរបស់ព្រះ។
សូមចេញទៅដើម្បីនឹងថ្វាយបង្គំព្រះនៅព្រះវិហារដែលជិតនិងផ្ទះរបស់អ្នក។
ហើយសូមឱ្យជីវីតរបស់អ្នកមានសុភមង្គលដោយការស្ដាប់ព្រះបន្ទូលនៃព្រះ
និងការអធិស្ឋានផងដែរ។
សូមព្រះប្រទានពរដោយសេចក្ដីស្រលាញ់ដ៍បរិបូរណ៍របស់ទ្រង់ផងដែរ។

ព្រះបង្កើតមនុស្សលោកមកដើម្បីរស់នៅយ៉ាងសុខសាន្តជាមួយនឹងទ្រង់។

តាមរយៈគម្ពីរលោកុប្បត្តិ ១:២៧ បានចែងថា
ទ្រង់ក៏បង្កើតមនុស្សឲ្យដូចរូបអង្គទ្រង់ គឺបានបង្កើតគេឲ្យចំនឹងរូបអង្គទ្រង់នោះឯង
ក៏បង្កើតគេឡើងជាប្រុសជាស្រី។

ប៉ុន្តែមនុស្សមិនបានស្តាប់បង្គាប់ព្រះ ហើយក៍ប្រព្រឹត្តបាបទាស់នឹងទ្រង់ ហើយក៍បានបែរចេញពីទ្រង់។

លទ្ធផល=កង្វល់+ភាពភ័យខ្លាច / សេចក្ដីស្លាប់

រ៉ូម ៣:២៣ មានបន្ទូលថា
ពីព្រោះគ្រប់គ្នាបានធ្វើបាបហើយខ្វះមិនដល់សិរីល្អនៃព្រះ។
រ៉ូម ៦:២៣ មានបន្ទូលថា
ដ្បិតឈ្នួលរបស់អំពើបាប នោះជាសេចក្ដីស្លាប់ តែអំណោយទានរបស់ព្រះវិញ
គឺជាជីវិតដ៏នៅអស់កល្បជានិច្ច ដោយព្រះគ្រីស្ទយេស៊ូវ ជាព្រះអម្ចាស់នៃយើងរាល់គ្នា។

តែងព្រះទ្រង់មានពេញដោយសេចក្តីមេត្តាករុណាដល់មនុស្សដែលមានពេញដោយអំពើបាប ទ្រង់ក៏បានចាត់ព្រះយេស៊ូវគ្រីស្ទឱ្យមកក្នុងលោកីយ៍ទុកជាថ្លៃលោះបាបដល់យើងរាល់គ្នាវិញ។

១ យ៉ូហាន ៤:៨ មានបន្ទូលថា
តែអ្នកឯណាដែលឥតគ្មានសេចក្តីស្រឡាញ់ នោះមិនស្គាល់ព្រះវិញ ពីព្រោះព្រះទ្រង់ជាសេចក្តីស្រឡាញ់នោះឯង។

ម៉ាកុស ១០: ៤៥ មានបន្ទូលថា
ដ្បិតកូនមនុស្សបានមក មិនមែនឱ្យគេបំរើដែរ គឺដើម្បីនឹងបំរើគេវិញ ហើយនិងឱ្យជីវិតខ្លួនទុកជាថ្លៃលោះមនុស្សជាច្រើនផង។

ដើម្បីបង់ថ្លៃលោះបាបរបស់យើងរាល់គ្នាព្រះយេស៊ូវបានសុគតនៅលើឈើឆ្កាង
ហើយ៣ថ្ងៃក្រោយមក ទ្រង់ក៏មានព្រះជន្មរស់ឡើងវិញ។
ហើយទ្រង់សព្វព្រះទ័យនឹងប្រទានដល់យើង
នូវកាដូពិសេសពីរ

គឺ សេចក្ដីសុខសាន្ត និង ជីវិតអស់កល្បជានិច្ច។

យ៉ូហាន ១៤:២៧ មានបន្ទូលថា
ខ្ញុំទុកសេចក្ដីសុខនៅនឹងអ្នករាល់គ្នា គឺខ្ញុំឲ្យសេចក្ដីសុខសាន្តរបស់ខ្ញុំដល់អ្នករាល់គ្នា ហើយដែលខ្ញុំឲ្យ
នោះមិនមែនដូចជាលោកីយ៍ឲ្យទេ កុំឲ្យចិត្តអ្នករាល់គ្នាចប់បារម្ភ ឬក៏បែបឡើយ។
យ៉ូហាន ១０:១០ មានបន្ទូលថា
ខ្ញុំបានមកដើម្បីឲ្យរា(អ្នក)រាល់គ្នាមានជីវិត ហើយឲ្យមានជីវិតនោះពេញបរិបូរផង។

តើអ្នកមិនចង់ទទួលបានសន្តិភាពដ៏ពិត និង ជីវិតអស់កល្បជានិច្ចទេឬអ្វី ?
ព្រះជាម្ចាស់សព្វព្រះទ័យឱ្យអ្នកទទួលព្រះយេស៊ូវគ្រីស្ទមក
គង់ក្នុងចិត្តអ្នក ដូច្នេះអ្នកនឹងអាចទទួលបានកាដូពិសេស គឺជីវិតអស់កល្បជានិច្ច
និងការរស់នៅប្រកបដោយសុខសន្តិភាព។

យ៉ូហាន ៣:១៦ មានបន្ទូលថា
ដ្បិតព្រះទ្រង់ស្រឡាញ់មនុស្សលោកដល់ម្ល៉េះ បានជាទ្រង់ប្រទានព្រះរាជបុត្រាទ្រង់តែ១ ដើម្បីឱ្យអ្នកណា
ដែលជឿដល់ព្រះរាជបុត្រានោះ មិនត្រូវវិនាសឡើយ គឺឱ្យមានជីវិតអស់កល្បជានិច្ចវិញ។
យ៉ូហាន ១:១២ មានបន្ទូលថា
ប៉ុន្តែអស់អ្នកណាដែលទទួលទ្រង់ គឺអស់អ្នកដែលជឿដល់ព្រះនាមទ្រង់ នោះទ្រង់បានប្រទានអំណាច
ឱ្យបានត្រឡប់ជាកូនព្រះ។

ខណៈពេលនេះ ព្រះយេស៊ូវកំពុងតែគោះទ្វារចិត្តរបស់អ្នក។
ពេលនេះជាពេលដែលអ្នកត្រូវការធ្វើការសំរេចចិត្ត
គឺការរស់នៅក្នុងលោកីយ៍ដែលពេញដោយទុក្ខព្រួយនិងភាពភ័យខ្លាច
ហើយក្រោយពីស្លាប់ទៅត្រូវធ្លងទុក្ខវេទនាជាដរាបរបស់កណ្ដូវនៅក្នុងឋាននរក
ឬក៏ទទួលយកព្រះយេស៊ូវបានទទួលនូវសន្តិភាពដ៏ពិត និង ជីវិតអស់កល្បជានិច្ច។
តើអ្នកទទួលយកព្រះយេស៊ូវទុកជាព្រះអម្ចាស់របស់អ្នកទេ?

វិវរណៈ ៣:២០ មានបន្ទូលថា
មើល អញឈរនៅមាត់ទ្វារទាំងគោះ បើអ្នកណាពួសំឡេងអញ ហើយបើកទ្វារឲ្យ នោះអញនឹងចូលទៅឯអ្នកនោះ
អញនឹងបរិភោគជាមួយនឹងអ្នកនោះ ហើយអ្នកនោះជាមួយនឹងអញដែរ។

អ្នកបានធ្វើការសំរេចចិត្តដ៏សំខាន់ណាស់។
សូមអធិស្ឋានដូចតទៅនេះ
ឱព្រះវរបិតាអើយ ទូលបង្គំជាមនុស្សមានបាប។
សូមអត់ទោសដល់ទូលបង្គំដោយការវិកប្រែចិត្តរបស់ទូលបង្គំផងដែរ។
ខ្ញុំជឿថាដោយសារតែអំពើបាបរបស់ទូលបង្គំ ព្រះយេស៊ូវបានសុគតនៅលើឈើឆ្កាង
ហើយទ្រង់ក៏បានមានព្រះជន្មរស់ឡើងវិញ។
នាពេលនេះ សូមយាងចូលមកគង់ក្នុងបល្ល័ង្កចិត្តរបស់ទូលបង្គំផងដែរ។
សូមទ្រង់ក្លាយជាព្រះសង្គ្រោះរបស់ទូលបង្គំផងដែរ។
ទូលបង្គំអធិស្ឋានក្នុងព្រះនាមព្រះអម្ចាស់ ព្រះយេស៊ូវគ្រីស្ទ។
អាម៉ែន!

តទៅនេះ នៅពេលដែលអ្នកបានទទួលព្រះយេស៊ូវគ្រីស្ទមក
ក្នុងចិត្តរបស់អ្នកហើយ អ្នកបានក្លាយជាកូនរបស់ព្រះ។
សូមចេញទៅដើម្បីនឹងថ្វាយបង្គំព្រះនៅព្រះវិហារដែលជិតនិងផ្ទះរបស់អ្នក។
ហើយសូមឲ្យជីវិតរបស់អ្នកមានសុភមង្គលដោយការស្តាប់ព្រះបន្ទូលនៃព្រះ
និងការអធិស្ឋានផងដែរ។
សូមព្រះប្រទានពរដោយសេចក្តីស្រលាញ់ដ៏បរិបូរបស់ទ្រង់ផងដែរ។

ព្រះបង្កើតមនុស្សលោកមកដើម្បីរស់នៅយ៉ាងសុខសាន្តជាមួយនឹងទ្រង់។

តាមរយៈគម្ពីរលោកុប្បត្តិ ១:២៧ បានចែងថា
ទ្រង់ក៏បង្កើតមនុស្សឲ្យដូចរូបអង្គទ្រង់ គឺបានបង្កើតគេឲ្យចំនឹងរូបអង្គទ្រង់នោះឯង
ក៏បង្កើតគេឡើងជាប្រុសជាស្រី។

ប៉ុន្តែមនុស្សមិនបានស្តាប់បង្គាប់ព្រះ ហើយក៏ប្រព្រឹត្តបាបទាស់នឹងទ្រង់ ហើយក៏បានបែរចេញពីទ្រង់។

លទ្ធផល=កំងល់+ភាពភ័យខ្លាច / សេចក្តីស្លាប់

រ៉ូម ៣:២៣ មានបន្ទូលថា
ពីព្រោះគ្រប់គ្នាបានធ្វើបាបហើយខ្វះមិនដល់សិរីល្អនៃព្រះ។
រ៉ូម ៦:២៣ មានបន្ទូលថា
ដ្បិតឈ្នួលរបស់អំពើបាប នោះជាសេចក្តីស្លាប់ តែអំណោយទានរបស់ព្រះវិញ
គឺជាជីវិតដ៏នៅអស់កល្បជានិច្ច ដោយព្រះគ្រីស្ទយេស៊ូវ ជាព្រះអម្ចាស់នៃយើងរាល់គ្នា។

តែងព្រះទ្រង់មានពេញដោយសេចក្ដីមេត្ដាករុណាដល់មនុស្សដែលមានពេញដោយអំពើបាប ទ្រង់ក៏បានចាត់ព្រះយេស៊ូវគ្រីស្ទឲ្យមកក្នុងលោកីយ៍ទុកជាថ្លៃលោះបាបដល់យើងរាល់គ្នាវិញ។

១ យ៉ូហាន ៤:៨ មានបន្ទូលថា
តែអ្នកណាដែលគ្មានសេចក្ដីស្រឡាញ់ នោះមិនស្គាល់ព្រះវិញ ពីព្រោះព្រះទ្រង់ជាសេចក្ដីស្រឡាញ់នោះឯង។

ម៉ាកុស ១០: ៤៥ មានបន្ទូលថា
ដ្បិតកូនមនុស្សក៏បានមក មិនមែនឲ្យគេបំរើវិញទេ គឺដើម្បីនឹងបំរើគេវិញ ហើយនិងឲ្យជីវិតខ្លួនទុកជាថ្លៃលោះមនុស្សជាច្រើនផងៗ។

ដើម្បីបង់ថ្លៃលោះបាបរបស់យើងរាល់គ្នាព្រះយេស៊ូវបានសុគតនៅលើឈើឆ្កាង
ហើយ៣ថ្ងៃក្រោយមក ទ្រង់ក៏មានព្រះជន្មរស់ឡើងវិញ។
ហើយទ្រង់សព្វព្រះទ័យនឹងប្រទានដល់យើង
នូវកាដូពិសេសពីរ

គឺ សេចក្ដីសុខសាន្ត និង ជីវិតអស់កល្បជានិច្ច។

យ៉ូហាន ១៤:២៧ មានបន្ទូលថា
ខ្ញុំទុកសេចក្ដីសុខនៅនឹងអ្នករាល់គ្នា គឺខ្ញុំឲ្យសេចក្ដីសុខសាន្តរបស់ខ្ញុំដល់អ្នករាល់គ្នា ហើយដែលខ្ញុំឲ្យ
នោះមិនមែនដូចជាលោកីយ៍ឲ្យទេ កុំឲ្យចិត្តអ្នករាល់គ្នាចប់បារម្ភ ឬក៏ភ្លើយឡើយ។
យ៉ូហាន ១០:១០ មានបន្ទូលថា
ខ្ញុំបានមកដើម្បីឲ្យរា(អ្នក)រាល់គ្នាមានជីវិត ហើយឲ្យមានជីវិតនោះពេញបរិបូរផង។

តើអ្នកមិនចង់ទទួលបានសន្តិភាពដ៏ពិត និង ជីវិតអស់កល្បជានិច្ចទេឬអី? ព្រះជាម្ចាស់សព្វព្រះទ័យឱ្យអ្នកទទួលព្រះយេស៊ូវគ្រីស្តមក គង់ក្នុងចិត្តអ្នក ដូច្នេះអ្នកនឹងអាចទទួលបានកាដូពិសេស គឺជីវិតអស់កល្បជានិច្ច និងការរស់នៅប្រកបដោយសុខសន្តិភាព។

យ៉ូហាន ៣:១៦ មានបន្ទូលថា
ដ្បិតព្រះទ្រង់ស្រឡាញ់មនុស្សលោកដល់ម្ល៉េះ បានជាទ្រង់ប្រទានព្រះរាជបុត្រាទ្រង់តែ១ ដើម្បីឱ្យអ្នកណា ដែលជឿដល់ព្រះរាជបុត្រានោះ មិនត្រូវវិនាសឡើយ គឺឱ្យមានជីវិតអស់កល្បជានិច្ចវិញ។
យ៉ូហាន ១:១២ មានបន្ទូលថា
ប៉ុន្តែអស់អ្នកណាដែលទទួលទ្រង់ គឺអស់អ្នកដែលជឿដល់ព្រះនាមទ្រង់ នោះទ្រង់បានប្រទានអំណាច ឱ្យបានត្រឡប់ជាកូនព្រះ។

ខណៈពេលនេះ ព្រះយេស៊ូវកំពុងតែគោះទ្វារចិត្តរបស់អ្នក។
ពេលនេះជាពេលដែលអ្នកត្រូវការធ្វើការសំរេចចិត្ត
គឺការរស់នៅក្នុងលោកីយ៍ដែលពេញដោយទុក្ខព្រួយនិងភាពភ័យខ្លាច
ហើយក្រោយពីស្លាប់ទៅត្រូវទទួលទណ្ឌកម្មវេទនាជារៀងរហូតអស់កល្បនៅក្នុងឋាននរក
ឬក៏ទទួលយកព្រះយេស៊ូវបានទទួលនូវសន្តិភាពដ៏ពិត និង ជីវិតអស់កល្បជានិច្ច។
តើអ្នកទទួលយកព្រះយេស៊ូវទុកជាព្រះអម្ចាស់របស់អ្នកទេ?

វិវរណៈ ៣:២០ មានបន្ទូលថា
មើល អញឈរនៅមាត់ទ្វារទាំងគោះ បើអ្នកណាឮសំឡេងអញ ហើយបើកទ្វារឲ្យ នោះអញនឹងចូលទៅឯអ្នកនោះ
អញនឹងបរិភោគជាមួយនឹងអ្នកនោះ ហើយអ្នកនោះជាមួយនឹងអញដែរ។

អ្នកបានធ្វើការសំរេចចិត្តដ៏សំខាន់ណាស់។
សូមអធិស្ឋានដូចតទៅនេះ
ឱព្រះវរបិតាអើយ ទូលបង្គំជាមនុស្សមានបាប។
សូមអត់ទោសដល់ទូលបង្គំដោយការរំកែប្រែចិត្តរបស់ទូលបង្គំផងដែរ។
ខ្ញុំជឿថាដោយសារតែអំពើបាបរបស់ទូលបង្គំ ព្រះយេស៊ូវបានសុគតនៅលើឈើឆ្កាង
ហើយទ្រង់ក៏បានមានព្រះជន្មរស់ឡើងវិញ។
នាពេលនេះ សូមយាងចូលមកគង់ក្នុងបល្ល័ង្កចិត្តរបស់ទូលបង្គំផងដែរ។
សូមទ្រង់ក្លាយជាព្រះសង្គ្រោះរបស់ទូលបង្គំផងដែរ។
ទូលបង្គំអធិស្ឋានក្នុងព្រះនាមព្រះអម្ចាស់ ព្រះយេស៊ូវគ្រីស្ទ។
អាម៉ែន!

ឥឡូវនេះ នៅពេលដែលអ្នកបានទទួលព្រះយេស៊ូវគ្រីស្ទមក
ក្នុងចិត្តរបស់អ្នកហើយ អ្នកបានក្លាយជាកូនរបស់ព្រះ។
សូមចេញទៅដើម្បីនឹងថ្វាយបង្គំព្រះនៅព្រះវិហារដែលជិតនិងផ្ទះរបស់អ្នក។
ហើយសូមឲ្យជីវិតរបស់អ្នកមានសុភមង្គលដោយការស្តាប់ព្រះបន្ទូលនៃព្រះ
និងការអធិស្ឋានផងដែរ។
សូមព្រះប្រទានពរដោយសេចក្តីស្រលាញ់ដ៏បរិបូរ្ណរបស់ទ្រង់ផងដែរ។

ព្រះបង្កើតមនុស្សលោកមកដើម្បីរស់នៅយ៉ាងសុខសាន្តជាមួយនឹងទ្រង់។

តាមរយៈគម្ពីរលោកុប្បត្តិ ១:២៧ បានចែងថា
ទ្រង់ក៏បង្កើតមនុស្សឲ្យដូចរូបអង្គទ្រង់ គឺបានបង្កើតគេឲ្យចំនឹងរូបអង្គទ្រង់នោះឯង
ក៏បង្កើតគេឡើងជាប្រុសជាស្រី។

ប៉ុន្តែមនុស្សមិនបានស្តាប់បង្គាប់ព្រះ ហើយក៏ប្រព្រឹត្តបាបទាស់នឹងទ្រង់ ហើយក៏បានបែរចេញពីទ្រង់។

លទ្ធផល=កំហុស+ភាពកំយខ្លាច / សេចក្តីស្លាប់

រ៉ូម ៣:២៣ មានបន្ទូលថា
ពីព្រោះគ្រប់គ្នាបានធ្វើបាបហើយខ្វះមិនដល់សិរីល្អនៃព្រះ។
រ៉ូម ៦:២៣ មានបន្ទូលថា
ដ្បិតឈ្នួលរបស់អំពើបាប នោះជាសេចក្តីស្លាប់ តែអំណោយទាននៃព្រះវិញ
គឺជាជីវិតដ៏នៅអស់កល្បជានិច្ច ដោយព្រះគ្រីស្ទយេស៊ូវ ជាព្រះអម្ចាស់នៃយើងរាល់គ្នា។

តែងព្រះទ្រង់មានពេញដោយសេចក្តីមេត្តាករុណាដល់
មនុស្សដែលមានពេញដោយអំពើបាប ទ្រង់ក៏បានចាត់ព្រះយេស៊ូវគ្រីស្ទ
ឱ្យមកក្នុងលោកីយ៍ទុកជាថ្លៃលោះបាបដល់យើងរាល់គ្នាវិញ។

១ យ៉ូហាន ៤:៨ មានបន្ទូលថា
តែអ្នកណាដែលគ្មានសេចក្តីស្រឡាញ់ នោះមិនស្គាល់ព្រះវិញ ពីព្រោះព្រះទ្រង់ជាសេចក្តីស្រឡាញ់
នោះឯង។

ម៉ាកុស ១០: ៤៥ មានបន្ទូលថា
ដ្បិតកូនមនុស្សក៏បានមក មិនមែនឱ្យគេបំរើដែរ គឺដើម្បីនឹងបំរើគេវិញ ហើយនិងឱ្យជីវិតខ្លួនទុកជា
ថ្លៃលោះមនុស្សជាច្រើនផងទេ។

ដើម្បីបង់ថ្លៃលោះបាបរបស់យើងរាល់គ្នាព្រះយេស៊ូវបានសុគតនៅលើឈើឆ្កាង
ហើយ៣ថ្ងៃក្រោយមក ទ្រង់ក៏មានព្រះជន្មរស់ឡើងវិញ។
ហើយទ្រង់សព្វព្រះទ័យនឹងប្រទានដល់យើង
នូវកាដូពិសេសពីរ

គឺ សេចក្ដីសុខសាន្ត និង ជីវិតអស់កល្បជានិច្ច។

យ៉ូហាន ១៤:២៧ មានបន្ទូលថា
ខ្ញុំទុកសេចក្ដីសុខនៅនឹងអ្នករាល់គ្នា គឺខ្ញុំឲ្យសេចក្ដីសុខសាន្តរបស់ខ្ញុំដល់អ្នករាល់គ្នា ហើយដែលខ្ញុំឲ្យ
នោះមិនមែនដូចជាលោកីយ៍ឲ្យទេ កុំឲ្យចិត្តអ្នករាល់គ្នាចប់បារម្ភ ឬក៏ខ្លាចឡើយ។
យ៉ូហាន ១០:១០ មានបន្ទូលថា
ខ្ញុំបានមកដើម្បីឲ្យវា(អ្នក)រាល់គ្នាមានជីវិត ហើយឲ្យមានជីវិតនោះពេញបរិបូរផង។

តើអ្នកមិនចង់ទទួលបានសន្តិភាពដ៏ពិត និង ជីវិតអស់កល្បជានិច្ចទេឬអី?
ព្រះជាម្ចាស់សព្វព្រះទ័យឲ្យអ្នកទទួលព្រះយេស៊ូវគ្រីស្តមក
គង់ក្នុងចិត្តអ្នក ដូច្នេះអ្នកនឹងអាចទទួលបានកាដូពិសេស គឺជីវិតអស់កល្បជានិច្ច
និងការរស់នៅប្រកបដោយសុខសន្តិភាព។

យ៉ូហាន ៣:១៦ មានបន្ទូលថា
ដ្បិតព្រះទ្រង់ស្រឡាញ់មនុស្សលោកដល់ម្ល៉េះ បានជាទ្រង់ប្រទានព្រះរាជបុត្រាទ្រង់តែ១ ដើម្បីឲ្យអ្នកណា
ដែលជឿដល់ព្រះរាជបុត្រានោះ មិនត្រូវវិនាសឡើយ គឺឲ្យមានជីវិតអស់កល្បជានិច្ចវិញ។
យ៉ូហាន ១:១២ មានបន្ទូលថា
ប៉ុន្តែអស់អ្នកណាដែលទទួលទ្រង់ គឺអស់អ្នកដែលជឿដល់ព្រះនាមទ្រង់ នោះទ្រង់បានប្រទានអំណាច
ឲ្យបានត្រឡប់ជាកូនព្រះ។

ខណៈពេលនេះ ព្រះយេស៊ូវកំពុងតែគោះទ្វារចិត្តរបស់អ្នក។
ពេលនេះជាពេលដែលអ្នកត្រូវការធ្វើការសម្រេចចិត្ត
គឺការរស់នៅក្នុងលោកីយ៍ដែលពេញដោយទុក្ខព្រួយនិងភាពភ័យខ្លាច
ហើយក្រោយពីស្លាប់ទៅត្រូវងទុក្ខវេទនាជារៀបរស់កល្បនៅក្នុងឋាននរក
ឬក៏ទទួលយកព្រះយេស៊ូវបានទទួលនូវសន្តិភាពដ៏ពិត និង ជីវិតអស់កល្បជានិច្ច។
តើអ្នកទទួលយកព្រះយេស៊ូវទុកជាព្រះអម្ចាស់របស់អ្នកទេ?

វិរណៈ ៣:២០ មានបន្ទូលថា
មើល អញឈរនៅមាត់ទ្វារទាំងគោះ បើអ្នកណាឮស្តាប់ឮសម្លេងអញ ហើយបើកទ្វារឲ្យ នោះអញនឹងចូលទៅឯអ្នកនោះ
អញនឹងបរិភោគជាមួយនឹងអ្នកនោះ ហើយអ្នកនោះជាមួយនឹងអញដែរ។

អ្នកបានធ្វើការសំរេចចិត្តដ៏សំខាន់ណាស់។
សូមអធិស្ឋានដូចតទៅនេះ៖
ឱព្រះបិតាអើយ ទូលបង្គំជាមនុស្សមានបាប។
សូមអត់ទោសដល់ទូលបង្គំដោយការកែប្រែចិត្តរបស់ទូលបង្គំផងដែរ។
ខ្ញុំជឿថាដោយសារតែអំពើបាបរបស់ទូលបង្គំ ព្រះយេស៊ូវបានសុគតនៅលើឈើឆ្កាង
ហើយទ្រង់ក៏បានមានព្រះជន្មរស់ឡើងវិញ។
នាពេលនេះ សូមយាងចូលមកគង់ក្នុងបល្ល័ង្កចិត្តរបស់ទូលបង្គំផងដែរ។
សូមទ្រង់ក្លាយជាព្រះសង្គ្រោះរបស់ទូលបង្គំផងដែរ។
ទូលបង្គំអធិស្ឋានក្នុងព្រះនាមព្រះអម្ចាស់ ព្រះយេស៊ូវគ្រីស្ទ។
អាម៉ែន!

ឥឡូវនេះ នៅពេលដែលអ្នកបានទទួលព្រះយេស៊ូវគ្រីស្មមក
ក្នុងចិត្តរបស់អ្នកហើយ អ្នកបានក្លាយជាកូនរបស់ព្រះ។
សូមចេញទៅដើម្បីនឹងថ្វាយបង្គំព្រះនៅព្រះវិហារដែលជិតនិងផ្ទះរបស់អ្នក។
ហើយសូមឲ្យជីវិតរបស់អ្នកមានសុកមង្គលដោយការស្ដាប់ព្រះបន្ទូលនៃព្រះ
និងការអធិស្ឋានជងដេរ។
សូមព្រះប្រទានពរដោយសេចក្ដីស្រលាញ់ដ៏បរិបូរ៌របស់ទ្រង់ជងដេរ។

ព្រះបង្កើតមនុស្សលោកមកដើម្បីរស់នៅយ៉ាងសុខសាន្តជាមួយនឹងទ្រង់។

តាមរយៈគម្ពីរលោកុប្បត្តិ ១:២៧ បានចែងថា
ទ្រង់ក៏បង្កើតមនុស្សឲ្យដូចរូបអង្គទ្រង់ គឺបានបង្កើតគេឲ្យចំនឹងរូបអង្គទ្រង់នោះឯង
ក៏បង្កើតពេកឡើងជាប្រុសជាស្រី។

ប៉ុន្តែមនុស្សមិនបានស្តាប់បង្គាប់ព្រះ ហើយក៏ប្រព្រឹត្តបាបទាស់នឹងទ្រង់ ហើយក៏បានបែរចេញពីទ្រង់។

លទ្ធផល=កំហុស+ភាពភ័យខ្លាច / សេចក្តីស្លាប់

រ៉ូម ៣:២៣ មានបន្ទូលថា
ពីព្រោះគ្រប់គ្នាបានធ្វើបាបហើយខ្វះមិនដល់សិរីល្អនៃព្រះ។
រ៉ូម ៦:២៣ មានបន្ទូលថា
ដ្បិតឈ្នួលរបស់អំពើបាប នោះជាសេចក្តីស្លាប់ តែអំណោយទានរបស់ព្រះវិញ
គឺជាជីវិតដ៏នៅអស់កល្បជានិច្ច ដោយព្រះគ្រីស្ទយេស៊ូវ ជាព្រះអម្ចាស់នៃយើងរាល់គ្នា។

តែងព្រះទ្រង់មានពេញដោយសេចក្តីមេត្តាករុណាដល់
មនុស្សដែលមានពេញដោយអំពើបាប ទ្រង់ក៏បានចាត់ព្រះយេស៊ូវគ្រីស្ទ
ឲ្យមកក្នុងលោកីយ៍ទុកជាថ្លៃលោះបាបដល់យើងរាល់គ្នាវិញ។

១ យ៉ូហាន ៤:៨ មានបន្ទូលថា
តែអ្នកណាដែលឥតគ្មានសេចក្តីស្រឡាញ់ នោះមិនស្គាល់ព្រះវិញ ពីព្រោះព្រះទ្រង់ជាសេចក្តីស្រឡាញ់
នោះឯង។
ម៉ាកុស ១០: ៤៥ មានបន្ទូលថា
ដ្បិតកូនមនុស្សក៏បានមក មិនមែនឲ្យគេបំរើដែរ គឺដើម្បីនឹងបំរើគេវិញ ហើយនិងឲ្យជីវិតខ្លួនទុកជា
ថ្លៃលោះមនុស្សជាច្រើនផងៗ។

ដើម្បីបង់ថ្លៃលោះបាបរបស់យើងរាល់គ្នាព្រះយេស៊ូវបានសុគតនៅលើឈើឆ្កាង
ហើយ៣ថ្ងៃក្រោយមក ទ្រង់ក៏មានព្រះជន្មរស់ឡើងវិញ។
ហើយទ្រង់សព្វព្រះទ័យនឹងប្រទានដល់យើង
នូវកាដូពិសេសពីរ

គឺ សេចក្តីសុខសាន្ត និង ជីវិតអស់កល្បជានិច្ច។

យ៉ូហាន ១៤:២៧ មានបន្ទូលថា
ខ្ញុំទុកសេចក្តីសុខនៅនឹងអ្នករាល់គ្នា គឺខ្ញុំឲ្យសេចក្តីសុខសាន្តរបស់ខ្ញុំដល់អ្នករាល់គ្នា ហើយដែលខ្ញុំឲ្យ
នោះមិនមែនដូចជាលោកីយ៍ឲ្យទេ កុំឲ្យចិត្តអ្នករាល់គ្នាចប់បារម្ភ ឬក៏ខ្លាចឡើយ។
យ៉ូហាន ១០:១០ មានបន្ទូលថា
ខ្ញុំបានមកដើម្បីឲ្យវា(អ្នក)រាល់គ្នាមានជីវិត ហើយឲ្យមានជីវិតនោះពេញបរិបូរផង។

តើអ្នកមិនចង់ទទួលបានសន្តិភាពដ៏ពិត និង ជីវិតអស់កល្បជានិច្ចទេឬអី?
ព្រះជាម្ចាស់សព្វព្រះទ័យឲ្យអ្នកទទួលព្រះយេស៊ូវគ្រីស្ទមក
គង់ក្នុងចិត្តអ្នក ដូច្នេះអ្នកនឹងអាចទទួលបានកាដូពិសេស គឺជីវិតអស់កល្បជានិច្ច
និងការរស់នៅប្រកបដោយសុខសន្តិភាព។

យ៉ូហាន ៣:១៦ មានបន្ទូលថា
ដ្បិតព្រះទ្រង់ស្រឡាញ់មនុស្សលោកដល់ម្ល៉េះ បានជាទ្រង់ប្រទានព្រះរាជបុត្រាទ្រង់តែ១ ដើម្បីឲ្យអ្នកណា
ដែលជឿដល់ព្រះរាជបុត្រានោះ មិនត្រូវវិនាសឡើយ គឺឲ្យមានជីវិតអស់កល្បជានិច្ចវិញ។
យ៉ូហាន ១:១២ មានបន្ទូលថា
ប៉ុន្តែអស់អ្នកណាដែលទទួលទ្រង់ គឺអស់អ្នកដែលជឿដល់ព្រះនាមទ្រង់ នោះទ្រង់បានប្រទានអំណាច
ឲ្យបានត្រឡប់ជាកូនព្រះ។

ខណៈពេលនេះ ព្រះយេស៊ូវកំពុងតែគោះទ្វារចិត្តរបស់អ្នក។
ពេលនេះជាពេលដែលអ្នកត្រូវការធ្វើការសំរេចចិត្ត
គឺការរស់នៅក្នុងលោកីយ៍ដែលពេញដោយទុក្ខព្រួយនិងភាពភ័យខ្លាច
ហើយក្រោយពីស្លាប់ទៅត្រូវធ្លងទុក្ខវេទនាជាដរាបអស់កល្បនៅក្នុងឋាននរក
ឬក៏ទទួលយកព្រះយេស៊ូវបានទទួលនូវសន្តិភាពដ៏ពិត និង ជីវិតអស់កល្បជានិច្ច។
តើអ្នកទទួលយកព្រះយេស៊ូវទុកជាព្រះអម្ចាស់របស់អ្នកទេ ?

វិវរណៈ ៣:២០ មានបន្ទូលថា
មើល អញឈរនៅមាត់ទ្វារទាំងគោះ បើអ្នកណាឮសំឡេងអញ ហើយបើកទ្វារឲ្យ នោះអញនឹងចូលទៅឯអ្នកនោះ
អញនឹងបរិភោគជាមួយនឹងអ្នកនោះ ហើយអ្នកនោះជាមួយនឹងអញដែរ។

អ្នកបានធ្វើការសម្រេចចិត្តដ៏សំខាន់ណាស់។
សូមអធិស្ឋានដូចតទៅនេះ
ឱព្រះវរបិតាអើយ ទូលបង្គំជាមនុស្សមានបាប។
សូមអត់ទោសដល់ទូលបង្គំដោយការរែកប្រែចិត្តរបស់ទូលបង្គំផងដែរ។
ខ្ញុំជឿថាដោយសារតែអំពើបាបរបស់ទូលបង្គំ ព្រះយេស៊ូវបានសុគតនៅលើឈើឆ្កាង
ហើយទ្រង់ក៏បានមានព្រះជន្មរស់ឡើងវិញ។
នាពេលនេះ សូមយាងចូលមកគង់ក្នុងបល្ល័ង្កចិត្តរបស់ទូលបង្គំផងដែរ។
សូមទ្រង់ក្លាយជាព្រះសង្គ្រោះរបស់ទូលបង្គំផងដែរ។
ទូលបង្គំអធិស្ឋានក្នុងព្រះនាមព្រះអម្ចាស់ ព្រះយេស៊ូវគ្រីស្ទ។
អាម៉ែន!

តទៅនេះ នៅពេលដែលអ្នកបានទទួលព្រះយេស៊ូវគ្រីស្តមក
ក្នុងចិត្តរបស់អ្នកហើយ អ្នកបានក្លាយជាកូនរបស់ព្រះ។
សូមចេញទៅដើម្បីនឹងថ្វាយបង្គំព្រះនៅព្រះវិហារដែលជិតនិងផ្ទះរបស់អ្នក។
ហើយសូមឲ្យជីវិតរបស់អ្នកមានសុកមង្គលដោយការស្តាប់ព្រះបន្ទូលនៃព្រះ
និងការអធិស្ឋានជងដែរ។
សូមព្រះប្រទានពរដោយសេចក្តីស្រលាញ់ដ៏បរិបូរណ៍របស់ទ្រង់ជងដែរ។

ព្រះបង្កើតមនុស្សលោកមកដើម្បីរស់នៅយ៉ាងសុខសាន្តជាមួយនឹងទ្រង់។

តាមរយៈគម្ពីរលោកុប្បត្តិ ១:២៧ បានចែងថា
ទ្រង់ក៏បង្កើតមនុស្សឲ្យដូចរូបអង្គទ្រង់ គឺបានបង្កើតគេឲ្យចំនឹងរូបអង្គទ្រង់នោះឯង
ក៏បង្កើតគេឡើងជាប្រុសជាស្រី។

បុំន្នែមនុស្សមិនបានស្តាប់បង្គាប់ព្រះ ហើយក៍ប្រព្រឹត្តបាបទាស់នឹងទ្រង់ ហើយក៍បានបែរចេញពីទ្រង់។

លទ្ធផល=កំងូល+ភាពភ័យខ្លាច / សេចក្តីស្លាប់

រ៉ូម ៣:២៣ មានបន្ទូលថា
ពីព្រោះគ្រប់គ្នាបានធ្វើបាបហើយខ្វះមិនដល់សិរីល្អនៃព្រះ។
រ៉ូម ៦:២៣ មានបន្ទូលថា
ដ្បិតឈ្នួលរបស់អំពើបាប នោះជាសេចក្តីស្លាប់ តែអំណោយទានរបស់ព្រះវិញ
គឺជាជីវិតដ៏នៅអស់កល្បជានិច្ច ដោយព្រះគ្រីស្ទយេស៊ូវ ជាព្រះអម្ចាស់នៃយើងរាល់គ្នា។

តែងព្រះទ្រង់មានពេញដោយសេចក្ដីមេត្តាករុណាដល់
មនុស្សដែលមានពេញដោយអំពើបាប ទ្រង់ក៏បានចាត់ព្រះយេស៊ូវគ្រីស្ទ
ឲ្យមកក្នុងលោកីយ៍ទុកជាថ្លៃលោះបាបដល់យើងរាល់គ្នាវិញ។

១ យ៉ូហាន ៤:៨ មានបន្ទូលថា
តែអ្នកណាដែលគ្មានសេចក្ដីស្រឡាញ់ នោះមិនស្គាល់ព្រះវិញ ព្រោះព្រះទ្រង់ជាសេចក្ដីស្រឡាញ់
នោះឯង។
ម៉ាកុស ១０: ៤៥ មានបន្ទូលថា
ដ្បិតកូនមនុស្សក៏បានមក មិនមែនឲ្យគេបំរើរើរ គឺដើម្បីនឹងបំរើគេវិញ ហើយនិងឲ្យជីវិតខ្លួនទុកជា
ថ្លៃលោះមនុស្សជាច្រើនឯង។

ដើម្បីបង់ថ្លៃលោះបាបរបស់យើងរាល់គ្នាព្រះយេស៊ូវបានសុគតនៅលើឈើឆ្កាង
ហើយបីថ្ងៃក្រោយមក ទ្រង់ក៏មានព្រះជន្មរស់ឡើងវិញ។
ហើយទ្រង់សព្វព្រះទ័យនឹងប្រទានដល់យើង
នូវកាដូពិសេសពីរ

គឺ សេចក្ដីសុខសាន្ត និង ជីវិតអស់កល្បជានិច្ច។

យ៉ូហាន ១៤:២៧ មានបន្ទូលថា
ខ្ញុំទុកសេចក្ដីសុខនៅនឹងអ្នករាល់គ្នា គឺខ្ញុំឲ្យសេចក្ដីសុខសាន្តរបស់ខ្ញុំដល់អ្នករាល់គ្នា ហើយដែលខ្ញុំឲ្យ
នោះមិនមែនដូចជាលោកីយ៍ឲ្យទេ កុំឲ្យចិត្តអ្នករាល់គ្នាចប់បារម្ភ ឬភ័យឡើយ។
យ៉ូហាន ១០:១០ មានបន្ទូលថា
ខ្ញុំបានមកដើម្បីរា(អ្នក)រាល់គ្នាមានជីវិត ហើយឲ្យមានជីវិតនោះពេញបរិបូរផង។

តើអ្នកមិនចង់ទទួលបានសន្តិភាពដ៏ពិត និង ជីវិតអស់កល្បជានិច្ចទេឬអី?
ព្រះជាម្ចាស់សព្វព្រះទ័យឱ្យអ្នកទទួលព្រះយេស៊ូវគ្រីស្ទមក
គង់ក្នុងចិត្តអ្នក ដូច្នេះអ្នកនឹងអាចទទួលបានកាដូពិសេស គឺជីវិតអស់កល្បជានិច្ច
និងការរស់នៅប្រកបដោយសុខសន្តិភាព។

យ៉ូហាន ៣:១៦ មានបន្ទូលថា
ដ្បិតព្រះទ្រង់ស្រឡាញ់មនុស្សលោកដល់ម្ល៉េះ បានជាទ្រង់ប្រទានព្រះរាជបុត្រាទ្រង់តែ១ ដើម្បីឱ្យអ្នកណា
ដែលជឿដល់ព្រះរាជបុត្រានោះ មិនត្រូវវិនាសឡើយ គឺឱ្យមានជីវិតអស់កល្បជានិច្ចវិញ។
យ៉ូហាន ១:១២ មានបន្ទូលថា
ប៉ុន្តែអស់អ្នកណាដែលទទួលទ្រង់ គឺអស់អ្នកដែលជឿដល់ព្រះនាមទ្រង់ នោះទ្រង់បានប្រទានអំណាច
ឱ្យបានត្រឡប់ជាកូនព្រះ។

ខណៈពេលនេះ ព្រះយេស៊ូវកំពុងតែគោះទ្វារចិត្តរបស់អ្នក។
ពេលនេះជាពេលដែលអ្នកត្រូវការធ្វើការសំរេចចិត្ត
គឺការរស់នៅក្នុងលោកីយ៍ដែលពេញដោយទុក្ខព្រួយនិងភាពភ័យខ្លាច
ហើយក្រោយពីស្លាប់ទៅត្រូវរងទុក្ខវេទនាជាដរាបរបស់កល្យនៅក្នុងឋាននរក
ឬក៏ទទួលយកព្រះយេស៊ូវបានទទួលនូវសេចក្តីភាពដ៏ពិត និង ជីវិតអស់កល្យជានិច្ច។
តើអ្នកទទួលយកព្រះយេស៊ូវទុកជាព្រះអម្ចាស់របស់អ្នកទេ?

វិរណៈ ៣:២០ មានបន្ទូលថា
មើល អញឈរនៅមាត់ទ្វារទាំងគោះ បើអ្នកណាឮសំឡេងអញ ហើយបើកទ្វារឲ្យ នោះអញនឹងចូលទៅអ្នកនោះ
អញនឹងបរិភោគជាមួយនឹងអ្នកនោះ ហើយអ្នកនោះជាមួយនឹងអញដែរ។

អ្នកបានធ្វើការសំរេចចិត្តដ៏សំខាន់ណាស់។
សូមអធិស្ឋានដូចតទៅនេះ៖
ឱព្រះវរបិតាអើយ ទូលបង្គំជាមនុស្សមានបាប។
សូមអត់ទោសដល់ទូលបង្គំដោយការរឹករឭចិត្តរបស់ទូលបង្គំផងដែរ។
ខ្ញុំជឿថាដោយសារតែអំពើបាបរបស់ទូលបង្គំ ព្រះយេស៊ូវបានសុគតនៅលើឈើឆ្កាង
ហើយទ្រង់ក៏បានមានព្រះជន្មរស់ឡើងវិញ។
នាពេលនេះ សូមយាងចូលមកគង់ក្នុងបល្ល័ង្កចិត្តរបស់ទូលបង្គំផងដែរ។
សូមទ្រង់ក្លាយជាព្រះសង្គ្រោះរបស់ទូលបង្គំផងដែរ។
ទូលបង្គំអធិស្ឋានក្នុងព្រះនាមព្រះអម្ចាស់ ព្រះយេស៊ូវគ្រីស្ទ។
អាម៉ែន!

ឥឡូវនេះ នៅពេលដែលអ្នកបានទទួលព្រះយេស៊ូវគ្រីស្តមក
ក្នុងចិត្តរបស់អ្នកហើយ អ្នកបានក្លាយជាកូនរបស់ព្រះ។
សូមចេញទៅដើម្បីនឹងថ្វាយបង្គំព្រះនៅព្រះវិហារដែលជិតនិងផ្ទះរបស់អ្នក។
ហើយសូមឲ្យជីវិតរបស់អ្នកមានសុកមង្គលដោយការស្តាប់ព្រះបន្ទូលនៃព្រះ
និងការអធិស្ឋានជឿងដេរ។
សូមព្រះប្រទានពរដោយសេចក្តីស្រលាញ់ដ៏បរិបូរបស់ទ្រង់ជឿងដេរ។

ព្រះបង្កើតមនុស្សលោកមកដើម្បីរស់នៅយ៉ាងសុខសាន្តជាមួយនឹងទ្រង់។

តាមរយៈគម្ពីរលោកុប្បត្តិ ១:២៧ បានចែងថា
ទ្រង់ក៏បង្កើតមនុស្សឡូដូចរូបអង្គទ្រង់ គឺបានបង្កើតគេឲ្យចំនឹងរូបអង្គទ្រង់នោះឯង
ក៏បង្កើតគេឡើងជាប្រុសជាស្រី។

បុ៉ន្តែមនុស្សមិនបានស្តាប់បង្គាប់ព្រះ ហើយក៏ប្រព្រឹត្តបាបទាស់នឹងទ្រង់ ហើយក៏បានបែរចេញពីទ្រង់។

លទ្ធផល=កំងល់+ភាពភ័យខ្លាច / សេចក្តីស្លាប់

រ៉ូម ៣:២៣ មានបន្ទូលថា
ពីព្រោះគ្រប់គ្នាបានធ្វើបាបហើយខ្វះមិនដល់សិរីល្អនៃព្រះ។
រ៉ូម ៦:២៣ មានបន្ទូលថា
ដ្បិតឈ្នួលរបស់អំពើបាប នោះជាសេចក្តីស្លាប់ តែអំណោយទាននៃព្រះវិញ
គឺជាជីវិតដ៏នៅអស់កល្បជានិច្ច ដោយព្រះគ្រីស្ទយេស៊ូវ ជាព្រះអម្ចាស់នៃយើងរាល់គ្នា។

តែងព្រះទ្រង់មានពេញដោយសេចក្ដីមេត្ដាករុណាដល់មនុស្សដែលមានពេញដោយអំពើបាប ទ្រង់ក៏បានចាត់ព្រះយេស៊ូវគ្រីស្ទ ឲ្យមកក្នុងលោកិយ៍ទុកជាថ្លៃលោះបាបដល់យើងរាល់គ្នាវិញ។

១ យ៉ូហាន ៤:៨ មានបន្ទូលថា
តែអ្នកណាដែលគ្មានសេចក្ដីស្រឡាញ់ នោះមិនស្គាល់ព្រះវិញ ព្រោះព្រះទ្រង់ជាសេចក្ដីស្រឡាញ់នោះឯង។

ម៉ាកុស ១០: ៤៥ មានបន្ទូលថា
ដ្បិតកូនមនុស្សក៏បានមក មិនមែនឲ្យគេបំរើរើង គឺដើម្បីនឹងបំរើគេវិញ ហើយនិងឲ្យជីវិតខ្លួនទុកជាថ្លៃលោះមនុស្សជាច្រើនផង។

ដើម្បីបង់ថ្លៃលោះបាបរបស់យើងរាល់គ្នាព្រះយេស៊ូវបានសុគតនៅលើឈើឆ្កាង
ហើយថាថ្ងៃក្រោយមក ទ្រង់ក៏មានព្រះជន្មរស់ឡើងវិញ។
ហើយទ្រង់សព្វព្រះទ័យនឹងប្រទានដល់យើង
នូវកាដូពិសេសពីរ

គឺ សេចក្ដីសុខសាន្ត និង ជីវិតអស់កល្បជានិច្ច។

យ៉ូហាន ១៤:២៧ មានបន្ទូលថា
ខ្ញុំទុកសេចក្ដីសុខនៅនឹងអ្នករាល់គ្នា គឺខ្ញុំឲ្យសេចក្ដីសុខសាន្តរបស់ខ្ញុំដល់អ្នករាល់គ្នា ហើយដែលខ្ញុំឲ្យ
នោះមិនមែនដូចជាលោកីយ៍ឲ្យទេ កុំឲ្យចិត្តអ្នករាល់គ្នាចប់បារម្ភ ឬភ័យឡើយ។
យ៉ូហាន ១០:១០ មានបន្ទូលថា
ខ្ញុំបានមកដើម្បីឲ្យវា(អ្នក)រាល់គ្នាមានជីវិត ហើយឲ្យមានជីវិតនោះពេញបរិបូរផង។

តើអ្នកមិនចង់ទទួលបានសន្តិភាពដ៏ពិត និង ជីវិតអស់កល្បជានិច្ចទេឬអី?
ព្រះជាម្ចាស់សព្វព្រះទ័យឲ្យអ្នកទទួលព្រះយេស៊ូវគ្រីស្តមក
គង់ក្នុងចិត្តអ្នក ដូច្នេះអ្នកនឹងអាចទទួលបានកាដូពិសេស គឺជីវិតអស់កល្បជានិច្ច
និងការរស់នៅប្រកបដោយសុខសន្តិភាព។

យ៉ូហាន ៣:១៦ មានបន្ទូលថា
ដ្បិតព្រះទ្រង់ស្រឡាញ់មនុស្សលោកដល់ម្ល៉េះ បានជាទ្រង់ប្រទានព្រះរាជបុត្រាទ្រង់តែ១ ដើម្បីឲ្យអ្នកណា
ដែលជឿដល់ព្រះរាជបុត្រានោះ មិនត្រូវវិនាសឡើយ គឺឲ្យមានជីវិតអស់កល្បជានិច្ចវិញ។
យ៉ូហាន ១:១២ មានបន្ទូលថា
ប៉ុន្តែអស់អ្នកណាដែលទទួលទ្រង់ គឺអស់អ្នកដែលជឿដល់ព្រះនាមទ្រង់ នោះទ្រង់បានប្រទានអំណាច
ឲ្យបានត្រឡប់ជាកូនព្រះ។

ខណៈពេលនេះ ព្រះយេស៊ូវកំពុងតែគោះទ្វារចិត្តរបស់អ្នក។
ពេលនេះជាពេលដែលអ្នកត្រូវការធ្វើការសំរេចចិត្ត
គឺការរស់នៅក្នុងលោកីយ៍ដែលពេញដោយទុក្ខព្រួយនិងភាពភ័យខ្លាច
ហើយក្រោយពីស្លាប់ទៅត្រូវធ្លាក់ទៅនរកជាដរាបរបស់កល្យនៅក្នុងហាននរក
ឬក៏ទទួលយកព្រះយេស៊ូវបានទទួលនូវសន្តិភាពដ៏ពិត និង ជីវិតអស់កល្យជានិច្ច។
តើអ្នកទទួលយកព្រះយេស៊ូវទុកជាព្រះអម្ចាស់របស់អ្នកទេ?

វិវរណៈ ៣:២០ មានបន្ទូលថា
មើល អញឈរនៅមាត់ទ្វារទាំងគោះ បើអ្នកណាឮសំឡេងអញ ហើយបើកទ្វារឲ្យ នោះអញនឹងចូលទៅឯអ្នកនោះ
អញនឹងបរិភោគជាមួយនឹងអ្នកនោះ ហើយអ្នកនោះជាមួយនឹងអញដែរ។

អ្នកបានធ្វើការសំរេចចិត្តដ៏សំខាន់ណាស់។
សូមអធិស្ឋានដូចតទៅនេះ៖
ឱព្រះវរបិតាអើយ ទូលបង្គំជាមនុស្សមានបាប។
សូមអត់ទោសដល់ទូលបង្គំដោយការវិកវៃប្រែចិត្តរបស់ទូលបង្គំផងដែរ។
ខ្ញុំជឿថាដោយសារតែអំពើបាបរបស់ទូលបង្គំ ព្រះយេស៊ូវបានសុគតនៅលើឈើឆ្កាង
ហើយទ្រង់ក៏បានមានព្រះជន្មរស់ឡើងវិញ។
នាពេលនេះ សូមយាងចូលមកគង់ក្នុងបល្ល័ង្កចិត្តរបស់ទូលបង្គំផងដែរ។
សូមទ្រង់ក្លាយជាព្រះសង្គ្រោះរបស់ទូលបង្គំផងដែរ។
ទូលបង្គំអធិស្ឋានក្នុងព្រះនាមព្រះអម្ចាស់ ព្រះយេស៊ូវគ្រីស្ទ។
អាម៉ែន!

ឥឡូវនេះ នៅពេលដែលអ្នកបានទទួលព្រះយេស៊ូវគ្រីស្មមក
ក្នុងចិត្តរបស់អ្នកហើយ អ្នកបានក្លាយជាកូនរបស់ព្រះ។
សូមចេញទៅដើម្បីនឹងថ្វាយបង្គំព្រះនៅព្រះវិហារដែលជិតនិងផ្ទះរបស់អ្នក។
ហើយសូមឱ្យជីវិតរបស់អ្នកមានសុភមង្គលដោយការស្តាប់ព្រះបន្ទូលនៃព្រះ
និងការអធិស្ឋានផងដែរ។
សូមព្រះប្រទានពរដោយសេចក្តីស្រលាញ់ដ៏បរិបូរណ៍របស់ទ្រង់ផងដែរ។

ព្រះបង្កើតមនុស្សលោកមកដើម្បីរស់នៅយ៉ាងសុខសាន្តជាមួយនឹងទ្រង់។

តាមរយៈគម្ពីរលោកុប្បត្តិ ១:២៧ បានចែងថា
ទ្រង់ក៏បង្កើតមនុស្សឲ្យដូចរូបអង្គទ្រង់ គឺបានបង្កើតគេឲ្យចំនឹងរូបអង្គទ្រង់នោះឯង
ក៏បង្កើតគេឡើងជាប្រុសជាស្រី។

បុ៉ន្តែមនុស្សមិនបានស្តាប់បង្គាប់ព្រះ ហើយក៍ប្រព្រឹត្តបាបទាស់នឹងទ្រង់ ហើយក៍បានបែរចេញពីទ្រង់។

លទ្ធផល=កំហុស+ភាពភ័យខ្លាច / សេចក្តីស្លាប់

រ៉ូម ៣:២៣ មានបន្ទូលថា
ព្រោះគ្រប់គ្នាបានធ្វើបាបហើយខ្វះមិនដល់សិរីល្អនៃព្រះ។
រ៉ូម ៦:២៣ មានបន្ទូលថា
ដ្បិតឈ្នួលរបស់អំពើបាប នោះជាសេចក្តីស្លាប់ តែអំណោយទានរបស់ព្រះវិញ
គឺជាជីវិតដ៏នៅអស់កល្បជានិច្ច ដោយព្រះគ្រីស្តយេស៊ូវ ជាព្រះអម្ចាស់នៃយើងរាល់គ្នា។

តែងព្រះទ្រង់មានពេញដោយសេចក្ដីមេត្តាករុណាដល់មនុស្សដែលមានពេញដោយអំពើបាប ទ្រង់ក៏បានចាត់ព្រះយេស៊ូវគ្រីស្ទឱ្យមកក្នុងលោកីយ៍ទុកជាថ្លៃលោះបាបដល់យើងរាល់គ្នាវិញ។

១ យ៉ូហាន ៤:៨ មានបន្ទូលថា
តែអ្នកណាដែលគ្មានសេចក្ដីស្រឡាញ់ នោះមិនស្គាល់ព្រះវិញ ព្រោះព្រះទ្រង់ជាសេចក្ដីស្រឡាញ់នោះឯង។

ម៉ាកុស ១០: ៤៥ មានបន្ទូលថា
ដ្បិតកូនមនុស្សក៏បានមក មិនមែនឱ្យគេបំរើគេ គឺដើម្បីនឹងបំរើគេវិញ ហើយនិងឱ្យជីវិតខ្លួនទុកជាថ្លៃលោះមនុស្សជាច្រើនផង។

ដើម្បីបង់ថ្លៃលោះបាបរបស់យើងរាល់គ្នាព្រះយេស៊ូវបានសុគតនៅលើឈើឆ្កាង
ហើយ៣ថ្ងៃក្រោយមក ទ្រង់ក៏មានព្រះជន្មរស់ឡើងវិញ។
ហើយទ្រង់សព្វព្រះទ័យនឹងប្រទានដល់យើង
នូវកាដូពិសេសពីរ

គឺ សេចក្ដីសុខសាន្ត និង ជីវិតអស់កល្បជានិច្ច។

យ៉ូហាន ១៤:២៧ មានបន្ទូលថា
ខ្ញុំទុកសេចក្ដីសុខនៅនឹងអ្នករាល់គ្នា គឺខ្ញុំឲ្យសេចក្ដីសុខសាន្តរបស់ខ្ញុំដល់អ្នករាល់គ្នា ហើយដែលខ្ញុំឲ្យ
នោះមិនមែនដូចជាលោកីយ៍ឲ្យទេ កុំឲ្យចិត្តអ្នករាល់គ្នាចប់បារម្ភ ឬក៏ភ័យឡើយ។
យ៉ូហាន ១០:១០ មានបន្ទូលថា
ខ្ញុំបានមកដើម្បីឲ្យរាំ(អ្នក)រាល់គ្នាមានជីវិត ហើយឲ្យមានជីវិតនោះពេញបរិបូរផង។

តើអ្នកមិនចង់ទទួលបានសន្តិភាពដ៏ពិត និង ជីវិតអស់កល្បជានិច្ចទេឬអី?
ព្រះជាម្ចាស់សព្វព្រះទ័យឲ្យអ្នកទទួលព្រះយេស៊ូវគ្រីស្តមក
គង់ក្នុងចិត្តអ្នក ដូច្នេះអ្នកនឹងអាចទទួលបានការដូចពិសេស គឺជីវិតអស់កល្បជានិច្ច
និងការរស់នៅប្រកបដោយសុខសន្តិភាព។

យ៉ូហាន ៣:១៦ មានបន្ទូលថា
ដ្បិតព្រះទ្រង់ស្រឡាញ់មនុស្សលោកដល់ម្ល៉េះ បានជាទ្រង់ប្រទានព្រះរាជបុត្រាទ្រង់តែ១ ដើម្បីឲ្យអ្នកណា
ដែលជឿដល់ព្រះរាជបុត្រានោះ មិនត្រូវវិនាសឡើយ គឺឲ្យមានជីវិតអស់កល្បជានិច្ចវិញ។
យ៉ូហាន ១:១២ មានបន្ទូលថា
ប៉ុន្តែអស់អ្នកណាដែលទទួលទ្រង់ គឺអស់អ្នកដែលជឿដល់ព្រះនាមទ្រង់ នោះទ្រង់បានប្រទានអំណាច
ឲ្យបានត្រឡប់ជាកូនព្រះ។

ខណៈពេលនេះ ព្រះយេស៊ូវកំពុងតែគោះទ្វារចិត្តរបស់អ្នក។
ពេលនេះជាពេលដែលអ្នកត្រូវការធ្វើការសំរេចចិត្ត
គឺការរស់នៅក្នុងលោកីយ៍ដែលពេញដោយទុក្ខព្រួយនិងភាពភ័យខ្លាច
ហើយក្រោយពីស្លាប់ទៅត្រូវរងទុក្ខវេទនាជារៀបអស់កល្បនៅក្នុងហាននរក
ឬក៍ទទួលយកព្រះយេស៊ូវបានទទួលនូវសន្តិភាពដ៏ពិត និង ជីវិតអស់កល្បជានិច្ច។
តើអ្នកទទួលយកព្រះយេស៊ូវទុកជាព្រះអម្ចាស់របស់អ្នកទេ?

វិវរណៈ ៣:២០ មានបន្ទូលថា
មើល អញឈរនៅមាត់ទ្វារទាំងគោះ បើអ្នកណាឮសំឡេងអញ ហើយបើកទ្វារឲ្យ នោះអញនឹងចូលទៅឯអ្នកនោះ
អញនឹងបរិភោគជាមួយនឹងអ្នកនោះ ហើយអ្នកនោះជាមួយនឹងអញដែរ។

អ្នកបានធ្វើការសំរេចចិត្តដ៏សំខាន់ណាស់។
សូមអធិស្ឋានដូចតទៅនេះ៖
ឱព្រះវរបិតាអើយ ទូលបង្គំជាមនុស្សមានបាប។
សូមអត់ទោសដល់ទូលបង្គំដោយការវិកប្រែចិត្តរបស់ទូលបង្គំផងដែរ។
ខ្ញុំជឿថាដោយសារតែអំពើបាបរបស់ទូលបង្គំ ព្រះយេស៊ូវបានសុគតនៅលើឈើឆ្កាង
ហើយទ្រង់ក៏បានមានព្រះជន្មរស់ឡើងវិញ។
នាពេលនេះ សូមយាងចូលមកគង់ក្នុងបល្ល័ង្កចិត្តរបស់ទូលបង្គំផងដែរ។
សូមទ្រង់ក្លាយជាព្រះសង្គ្រោះរបស់ទូលបង្គំផងដែរ។
ទូលបង្គំអធិស្ឋានក្នុងព្រះនាមព្រះអម្ចាស់ ព្រះយេស៊ូវគ្រីស្ទ។
អាម៉ែន!

ឥឡូវនេះ នៅពេលដែលអ្នកបានទទួលព្រះយេស៊ូវគ្រីស្តមក
ក្នុងចិត្តរបស់អ្នកហើយ អ្នកបានក្លាយជាកូនរបស់ព្រះ។
សូមចេញទៅដើម្បីនឹងថ្វាយបង្គំព្រះនៅព្រះវិហារដែលជិតនិងផ្ទះរបស់អ្នក។
ហើយសូមឱ្យជីវិតរបស់អ្នកមានសុកមង្គលដោយការស្តាប់ព្រះបន្ទូលនៃព្រះ
និងការអធិស្ឋានជងដែរ។
សូមព្រះប្រទានពរដោយសេចក្តីស្រលាញ់ដ៏បរិបូរណ៍របស់ទ្រង់ជងដែរ។

ព្រះបង្កើតមនុស្សលោកមកដើម្បីរស់នៅយ៉ាងសុខសាន្តជាមួយនឹងទ្រង់។

តាមរយៈគម្ពីរលោកុប្បត្តិ ១:២៧ បានចែងថា
ទ្រង់ក៏បង្កើតមនុស្សឲ្យដូចរូបអង្គទ្រង់ គឺបានបង្កើតគេឲ្យចំនឹងរូបអង្គទ្រង់នោះឯង
ក៏បង្កើតគេឡើងជាប្រុសជាស្រី។

ប៉ុន្តែមនុស្សមិនបានស្តាប់បង្គាប់ព្រះ ហើយក៏ប្រព្រឹត្តបាបទាស់នឹងទ្រង់ ហើយក៏បានបែរចេញពីទ្រង់។

លទ្ធផល=កំហឹង+ភាពភ័យខ្លាច / សេចក្តីស្លាប់

រ៉ូម ៣:២៣ មានបន្ទូលថា
ពីព្រោះគ្រប់គ្នាបានធ្វើបាបហើយខ្វះមិនដល់សិរីល្អនៃព្រះ។
រ៉ូម ៦:២៣ មានបន្ទូលថា
ដ្បិតឈ្នួលរបស់អំពើបាប នោះជាសេចក្តីស្លាប់ តែអំណោយទានរបស់ព្រះវិញ
គឺជាជីវិតដ៏នៅអស់កល្បជានិច្ច ដោយព្រះគ្រីស្ទយេស៊ូវ ជាព្រះអម្ចាស់នៃយើងរាល់គ្នា។

តែងព្រះទ្រង់មានពេញដោយសេចក្ដីមេត្ដាករុណាដល់មនុស្សដែលមានពេញដោយអំពើបាប ទ្រង់ក៏បានចាត់ព្រះយេស៊ូវគ្រីស្ទឱ្យមកក្នុងលោកីយ៍ទុកជាថ្លៃលោះបាបដល់យើងរាល់គ្នាវិញ។

១ យ៉ូហាន ៤:៨ មានបន្ទូលថា
តែអ្នកណាដែលគ្មានសេចក្ដីស្រឡាញ់ នោះមិនស្គាល់ព្រះវិញ ពីព្រោះព្រះទ្រង់ជាសេចក្ដីស្រឡាញ់នោះឯង។
ម៉ាកុស ១០: ៤៥ មានបន្ទូលថា
ដ្បិតកូនមនុស្សក៏បានមក មិនមែនឱ្យគេបំរើឯង គឺដើម្បីនឹងបំរើគេវិញ ហើយនិងឱ្យជីវិតខ្លួនទុកជាថ្លៃលោះមនុស្សជាច្រើនផងៗ

ដើម្បីបង់ថ្លៃលោះបាបរបស់យើងរាល់គ្នាព្រះយេស៊ូវបានសុគតនៅលើឈើឆ្កាង
ហើយ៣ថ្ងៃក្រោយមក ទ្រង់ក៏មានព្រះជន្មរស់ឡើងវិញ។
ហើយទ្រង់សព្វព្រះទ័យនឹងប្រទានដល់យើង
នូវកាដូពិសេសពីរ

គឺ សេចក្ដីសុខសាន្ត និង ជីវិតអស់កល្បជានិច្ច។

យ៉ូហាន ១៤:២៧ មានបន្ទូលថា
ខ្ញុំទុកសេចក្ដីសុខនៅនឹងអ្នករាល់គ្នា គឺខ្ញុំឲ្យសេចក្ដីសុខសាន្តរបស់ខ្ញុំដល់អ្នករាល់គ្នា ហើយដែលខ្ញុំឲ្យ
នោះមិនមែនដូចជាលោកីយ៍ឲ្យទេ កុំឲ្យចិត្តអ្នករាល់គ្នាចប់បារម្ភ ឬក៏ខ្លាចឡើយ។
យ៉ូហាន ១០:១០ មានបន្ទូលថា
ខ្ញុំបានមកដើម្បីឲ្យវា(អ្នក)រាល់គ្នាមានជីវិត ហើយឲ្យមានជីវិតនោះពេញបរិបូរផង។

តើអ្នកមិនចង់ទទួលបានសន្តិភាពដ៏ពិត និង ជីវិតអស់កល្បជានិច្ចទេឬអី?
ព្រះជាម្ចាស់សព្វព្រះទ័យឲ្យអ្នកទទួលព្រះយេស៊ូវគ្រីស្ទមក
គង់ក្នុងចិត្តអ្នក ដូច្នេះអ្នកនឹងអាចទទួលបានកាដូពិសេស គឺជីវិតអស់កល្បជានិច្ច
និងការរស់នៅប្រកបដោយសុខសន្តិភាព។

យ៉ូហាន ៣:១៦ មានបន្ទូលថា
ដ្បិតព្រះទ្រង់ស្រឡាញ់មនុស្សលោកដល់ម្ល៉េះ បានជាទ្រង់ប្រទានព្រះរាជបុត្រាទ្រង់តែ១ ដើម្បីឲ្យអ្នកណា
ដែលជឿដល់ព្រះរាជបុត្រានោះ មិនត្រូវវិនាសឡើយ គឺឲ្យមានជីវិតអស់កល្បជានិច្ចវិញ។
យ៉ូហាន ១:១២ មានបន្ទូលថា
ប៉ុន្តែអស់អ្នកណាដែលទទួលទ្រង់ គឺអស់អ្នកដែលជឿដល់ព្រះនាមទ្រង់ នោះទ្រង់បានប្រទានអំណាច
ឲ្យបានត្រឡប់ជាកូនព្រះ។

ខណៈពេលនេះ ព្រះយេស៊ូវកំពុងតែគោះទ្វារចិត្តរបស់អ្នក។
ពេលនេះជាពេលដែលអ្នកត្រូវការធ្វើការសំរេចចិត្ត
គឺការរស់នៅក្នុងលោកីយ៍ដែលពេញដោយទុក្ខព្រួយនិងភាពភ័យខ្លាច
ហើយក្រោយពីស្លាប់ទៅត្រូវធ្លាក់ទៅក្នុងនរក
ឬក៏ទទួលយកព្រះយេស៊ូវបានទទួលនូវសន្តិភាពដ៏ពិត និង ជីវិតអស់កល្បជានិច្ច។
តើអ្នកទទួលយកព្រះយេស៊ូវទុកជាព្រះអម្ចាស់របស់អ្នកទេ?

វិវរណៈ ៣:២០ មានបន្ទូលថា
មើល អញឈរនៅមាត់ទ្វារទាំងគោះ បើអ្នកណាម្នាក់ស្ដាប់ឮសូរអញ ហើយបើកទ្វារឲ្យ នោះអញនឹងចូលទៅឯអ្នកនោះ
អញនឹងបរិភោគជាមួយនឹងអ្នកនោះ ហើយអ្នកនោះជាមួយនឹងអញដែរ។

អ្នកបានធ្វើការសំរេចចិត្តដ៏សំខាន់ណាស់។
សូមអធិស្ឋានដូចតទៅនេះ៖
ឱព្រះបិតាអើយ ទូលបង្គំជាមនុស្សមានបាប។
សូមអត់ទោសដល់ទូលបង្គំដោយការរិះប្រែចិត្តរបស់ទូលបង្គំផងដែរ។
ខ្ញុំជឿថាដោយសារតែអំពើបាបរបស់ទូលបង្គំ ព្រះយេស៊ូវបានសុគតនៅលើឈើឆ្កាង
ហើយទ្រង់ក៏បានមានព្រះជន្មរស់ឡើងវិញ។
នាពេលនេះ សូមយាងចូលមកគង់ក្នុងបល្ល័ង្កចិត្តរបស់ទូលបង្គំផងដែរ។
សូមទ្រង់ក្លាយជាព្រះសង្គ្រោះរបស់ទូលបង្គំផងដែរ។
ទូលបង្គំអធិស្ឋានក្នុងព្រះនាមព្រះអម្ចាស់ ព្រះយេស៊ូវគ្រីស្ទ។
អាម៉ែន!

ឥឡូវនេះ នៅពេលដែលអ្នកបានទទួលព្រះយេស៊ូវគ្រីស្ទមក
ក្នុងចិត្តរបស់អ្នកហើយ អ្នកបានក្លាយជាកូនរបស់ព្រះ។
សូមចេញទៅដើម្បីនឹងថ្វាយបង្គំព្រះនៅព្រះវិហារដែលជិតនិងផ្ទះរបស់អ្នក។
ហើយសូមឱ្យជីវិតរបស់អ្នកមានសុភមង្គលដោយការស្តាប់ព្រះបន្ទូលនៃព្រះ
និងការអធិស្ឋានផងដែរ។
សូមព្រះប្រទានពរដោយសេចក្តីស្រលាញ់ដ៏បរិបូរ័របស់ទ្រង់ផងដែរ។

ព្រះបង្កើតមនុស្សលោកមកដើម្បីរស់នៅយ៉ាងសុខសាន្តជាមួយនឹងទ្រង់។

តាមរយៈគម្ពីរលោកុប្បត្តិ ១:២៧ បានចែងថា
ទ្រង់ក៏បង្កើតមនុស្សឲ្យដូចរូបអង្គទ្រង់ គឺបានបង្កើតគេឲ្យចំនឹងរូបអង្គទ្រង់នោះឯង
ក៏បង្កើតគាគេឡើងជាប្រុសជាស្រី។

បុំន្នែមនុស្សមិនបានស្ដាប់បង្គាប់ព្រះ ហើយក៏ប្រព្រឹត្តបាបទាស់នឹងទ្រង់ ហើយក៏បានបែរចេញពីទ្រង់។

លទ្ធផល=កងល់+ភាពភ័យខ្លាច / សេចក្ដីស្លាប់

រ៉ូម ៣:២៣ មានបន្ទូលថា
ពីព្រោះគ្រប់គ្នាបានធ្វើបាបហើយខ្វះមិនដល់សិរីល្អនៃព្រះ។
រ៉ូម ៦:២៣ មានបន្ទូលថា
ដ្បិតឈ្នួលរបស់អំពើបាប នោះជាសេចក្ដីស្លាប់ តែអំណោយទានរបស់ព្រះវិញ
គឺជាជីវិតដ៏នៅអស់កល្បជានិច្ច ដោយព្រះគ្រីស្ទយេស៊ូវ ជាព្រះអម្ចាស់នៃយើងរាល់គ្នា។

តែងព្រះទ្រង់មានពេញដោយសេចក្ដីមេត្តាករុណាដល់មនុស្សដែលមានពេញដោយអំពើបាប ទ្រង់ក៏បានចាត់ព្រះយេស៊ូវគ្រីស្ទឲ្យមកក្នុងលោកីយ៍ទុកជាថ្លៃលោះបាបដល់យើងរាល់គ្នាវិញ។

១ យ៉ូហាន ៤:៨ មានបន្ទូលថា
តែអ្នកណាដែលគ្មានសេចក្ដីស្រឡាញ់ នោះមិនស្គាល់ព្រះវិញ ពីព្រោះព្រះទ្រង់ជាសេចក្ដីស្រឡាញ់នោះឯង។
ម៉ាកុស ១០: ៤៥ មានបន្ទូលថា
ដ្បិតកូនមនុស្សក៏បានមក មិនមែនឲ្យគេបំរើឯង គឺដើម្បីនឹងបំរើគេវិញ ហើយនិងឲ្យជីវិតខ្លួនទុកជាថ្លៃលោះមនុស្សជាច្រើនផង។

ដើម្បីបង់ថ្លៃលោះបាបរបស់យើងរាល់គ្នាព្រះយេស៊ូវបានសុគតនៅលើឈើឆ្កាង
ហើយៗថ្ងៃក្រោយមក ទ្រង់ក៏មានព្រះជន្មរស់ឡើងវិញ។
ហើយទ្រង់សព្វព្រះទ័យនឹងប្រទានដល់យើង
នូវកាដូពិសេសពីរ

គឺ សេចក្តីសុខសាន្ត និង ជីវិតអស់កល្បជានិច្ច។

យ៉ូហាន ១៤:២៧ មានបន្ទូលថា
ខ្ញុំទុកសេចក្តីសុខនៅនឹងអ្នករាល់គ្នា គឺខ្ញុំឲ្យសេចក្តីសុខសាន្តរបស់ខ្ញុំដល់អ្នករាល់គ្នា ហើយដែលខ្ញុំឲ្យ
នោះមិនមែនដូចជាលោកីយ៍ឲ្យទេ កុំឲ្យចិត្តអ្នករាល់គ្នាប់បារម្ភ ឬកំសោយឡើយ។
យ៉ូហាន ១០:១០ មានបន្ទូលថា
ខ្ញុំបានមកដើម្បីឲ្យវា(អ្នក)រាល់គ្នាមានជីវិត ហើយឲ្យមានជីវិតនោះពេញបរិបូរផង។

តើអ្នកមិនចង់ទទួលបានសន្តិភាពដ៏ពិត និង ជីវិតអស់កល្បជានិច្ចទេឬអី?
ព្រះជាម្ចាស់សព្វព្រះទ័យឱ្យអ្នកទទួលព្រះយេស៊ូវគ្រីស្ទមក
គង់ក្នុងចិត្តអ្នក ដូច្នេះអ្នកនឹងអាចទទួលបានការដ៏ពិសេស គឺជីវិតអស់កល្បជានិច្ច
និងការរស់នៅប្រកបដោយសុខសន្តិភាព។

យ៉ូហាន ៣:១៦ មានបន្ទូលថា
ដ្បិតព្រះទ្រង់ស្រឡាញ់មនុស្សលោកដល់ម្ល៉េះ បានជាទ្រង់ប្រទានព្រះរាជបុត្រាទ្រង់តែ១ ដើម្បីឱ្យអ្នកណា
ដែលជឿដល់ព្រះរាជបុត្រានោះ មិនត្រូវវិនាសឡើយ គឺឱ្យមានជីវិតអស់កល្បជានិច្ចវិញ។
យ៉ូហាន ១:១២ មានបន្ទូលថា
ប៉ុន្តែអស់អ្នកណាដែលទទួលទ្រង់ គឺអស់អ្នកដែលជឿដល់ព្រះនាមទ្រង់ នោះទ្រង់បានប្រទានអំណាច
ឱ្យបានត្រឡប់ជាកូនព្រះ។

ខណៈពេលនេះ ព្រះយេស៊ូវកំពុងតែគោះទ្វារចិត្តរបស់អ្នក។
ពេលនេះជាពេលដែលអ្នកត្រូវការធ្វើការសំរេចចិត្ត
គឺការរស់នៅក្នុងលោកីយ៍ដែលពេញដោយទុក្ខព្រួយនិងភាពភ័យខ្លាច
ហើយក្រោយពីស្លាប់ទៅត្រូវធ្លាក់ទៅក្នុងនរកជាដរាបអស់កល្ប
ឬក៏ទទួលយកព្រះយេស៊ូវបានទទួលនូវសន្តិភាពដ៏ពិត និង ជីវិតអស់កល្បជានិច្ច។
តើអ្នកទទួលយកព្រះយេស៊ូវទុកជាព្រះអម្ចាស់របស់អ្នកទេ?

វិវរណៈ ៣:២០ មានបន្ទូលថា
មើល អញឈរនៅមាត់ទ្វារទាំងគោះ បើអ្នកណាឮសំឡេងអញ ហើយបើកទ្វារឲ្យ នោះអញនឹងចូលទៅឯអ្នកនោះ
អញនឹងបរិភោគជាមួយនឹងអ្នកនោះ ហើយអ្នកនោះជាមួយនឹងអញដែរ។

អ្នកបានធ្វើការសំរេចចិត្តដ៏សំខាន់ណាស់។
សូមអធិស្ឋានដូចតទៅនេះ៖
ឱព្រះវរបិតាអើយ ទូលបង្គំជាមនុស្សមានបាប។
សូមអត់ទោសដល់ទូលបង្គំដោយការរំកិលប្រែចិត្តរបស់ទូលបង្គំផងដែរ។
ខ្ញុំជឿថាដោយសារតែអំពើបាបរបស់ទូលបង្គំ ព្រះយេស៊ូវបានសុគតនៅលើឈើឆ្កាង
ហើយទ្រង់ក៏បានមានព្រះជន្មរស់ឡើងវិញ។
នាពេលនេះ សូមយាងចូលមកគង់ក្នុងបល្ល័ង្កចិត្តរបស់ទូលបង្គំផងដែរ។
សូមទ្រង់ក្លាយជាព្រះសង្គ្រោះរបស់ទូលបង្គំផងដែរ។
ទូលបង្គំអធិស្ឋានក្នុងព្រះនាមព្រះអម្ចាស់ ព្រះយេស៊ូវគ្រីស្ទ។
អាម៉ែន!

ឥឡូវនេះ នៅពេលដែលអ្នកបានទទួលព្រះយេស៊ូវគ្រីស្តមក
ក្នុងចិត្តរបស់អ្នកហើយ អ្នកបានក្លាយជាកូនរបស់ព្រះ។
សូមចេញទៅដើម្បីនឹងថ្វាយបង្គំព្រះនៅព្រះវិហារដែលជិតនិងផ្ទះរបស់អ្នក។
ហើយសូមឱ្យជីវិតរបស់អ្នកមានសុខមង្គលដោយការស្ដាប់ព្រះបន្ទូលនៃព្រះ
និងការអធិស្ឋានជងដែរ។
សូមព្រះប្រទានពរដោយសេចក្ដីស្រលាញ់ដ៏បរិបូររបស់ទ្រង់ជងដែរ។